諷詩調詩集 · 434

# 도치통사초 · 4

박진환 제480시집

지성.감성의 메타언어
조선문학사시인선.925

諷詩調詩集 · 434

# 도치통사초(刀治痛史抄) · 4

조선문학사

■ 책머리에

　여러 궁리 끝에 시집 제목을 『도치통사초(刀治痛史抄)』로 정했다. 도치(刀治)는 칼로 다스린다 함이니 검찰공화국의 통치쯤이 된다.
　정치의 상치(上治)는 도치(道治)나 덕치(德治)쯤이 되고, 하치는 도치나 부치(斧治)와 같은 권력으로 다스리는 것쯤이 된다.
　지금 우리는 목하 도치나 부치시대 통치의 다스림 속에서 살아가고 있다. 일종의 힘에 의해 다스림을 수용해야 하는 피지배하쯤이 된다.
　소이로 해서 통치라고 하는 시대의 삶을 살아야 하고 그러한 지배하의 삶의 비통한 아픈 현실을 통사(痛史)라고 해둔다.
　이를 한마디로 뭉뚱그리면 칼로 다스림을 강하는 아픈 역사의 삶을 '도치통사'라 할 수 있고, 이중 소용될 만한 것을 골라 시로써 읊은 것이니 '도치통사'에 초(抄)를 곁들인 것쯤이 된다.
　풍시조는 순수한 통징을 시의 생명으로 하는 악에 대한 고발로서 악의 개선을 통해 선에 이바지하려는 복수의 시쯤이 된다. 일종의 문화적 징벌이자 예술적 엄징으로서 악에 가하는 문화적 통징인 셈이다.

소이로 해서 겉으로는 강한 공격성을 드러내고 있으나 안으로는 선을 일으켜 세우려는 따뜻한 애정에서 시를 출발시킨 것이 된다.

이번 풍시조시집 『도치통사초』는 490번째 시집이 된다. 앞으로 10권만 더 추가하면 내 시의 마스터플랜인 500권의 시집을 완간하게 된다.

개선(改善)의 의도가 시 정신인 풍시조 『도치통사초』가 사회적으로 유용한 것이 되어 악을 일깨우고 선을 일으켜 세우는 데 보탬이 됐으면 싶다.

2024년 초추
저자 씀

박진환 제480시집 / 諷詩調詩集 · 434

# 도치통사초 · 4

## 차례

책머리에 / 5

### 2024년 5월 14일

멋이다 / 13
대력이다 / 14
신식이다 / 15
족하다 / 16
시에의 들진이다 / 17
앞장선 향도다 / 18
뭘까? / 19
같아서 / 20
깨우쳐주고 싶어서일 듯싶다 / 21
그게 소이였구나 / 22
때문? / 23
풍시조? 맞네 / 24
뜻이렷다 / 25
더 되겠나 / 26
팔불출이네 / 27
넋두리 / 28

우우 으으 이이여서 / 29
귀음(鬼音) / 30

**2024년 5월 15일**
시 외엔 가르친 것이 없다 / 31
종직이였음을 깨달았다 / 32
인도 했겠는가 / 33
맞네, 돌팔이 스승 / 34
덜 부끄럴 듯싶어서 / 35
맞네, 짐승 / 36
선악으로 써먹어서 / 37
소이다 / 38
찾아와 줘야 / 39
누릴 수 있어서 / 40
값해서 / 41
복잡하게만 해서 / 42

**2024년 5월 16일**
코스대로 달리는 것이어서 / 43
대문(大門)행이어서 / 44
막힌 길이어서 / 45
이어서 / 46
되고 / 47
매질에는 면역력이 생겨서 / 48

칼은 칼로 망한다던가 / 49
등식도 돼서 / 50
못 면해서 / 51
돌릴 수 있는 것을 / 52
이석격석 즐겨서 / 53

**2024년 5월 17일**
어리둥절 / 54
딱 그래 / 55
시시하다 할밖에 / 56
여기에서 출발해야 / 57
요즘 시들이 그래 / 58
즐기다 마는 것을 / 59
유식하겐 이미테이션 / 60
천재이구나 / 61
99%의 노력인 게야 / 62
노력 속에 있다고도 / 63
상사고 아니던가 / 64
이러할 듯 / 65

**2024년 5월 18일**
한쪽을 잃었으니 캄캄 / 66
외눈박이 견자라니 / 67
아름다운 것 못 보았거니 / 68

삐딱하게만 보았거니 / 69
세상 탓이지 / 70
아니었나? / 71
부정·부패 감시했던 것을 / 72
흉내 했을 듯 / 73
정직한 눈 지녔음일 듯싶어서 / 74
정직한 눈일 듯싶어서 / 75
정직의 정직 같아서 / 76
더러워서 / 77

**2024년 5월 19일**
부자마을 / 78
고향 덕에 산다 / 79
낙원살이인 것을 / 80
뭘 하겠는가 / 81
귀담아 들었던 모양 / 82
무망지복이지 / 83
같을 듯 / 84
꽃상여로 보내자 / 85
지족자부(知足自富)인 것을 / 86
즐거움인 것을 / 87
행복이 따로 있던가 / 88

**2024년 5월 20일**

재수 없어 / 89
복을 같아서 / 90
시끄러운데 / 91
재수 없는 / 92
설사병 / 93
말 때문에 / 94
같은 / 95
차선이다 / 96
다르지 않은 소이다 / 97
값한다 / 98
또한 이러하다 / 99
중간대에 살고 있는 존재란 것 / 100

**2024년 5월 21일**
다시 내민다 / 101
살아있었던 게야 / 102
살아있게 된다 / 103
아니겠는가 / 104
선(善)이다 / 105
선(善)도 되찾고 / 106
함께 / 107
선의 지향이었다는 것을 / 108
더러운 위(胃)지 / 109
바라겠는가 / 110

못했기 때문일 듯 / 111
흐른다 했던가 / 112

■ **시집 평설을 대신해서_諷詩調에 대한 사계의 견해**
三行詩의 안팎_문덕수 / 113
知的調律에 의한 시 意味의 密度와 結晶度_성찬경 / 122
諷詩調의 깃발과 風向_김용직 / 128
박진환의 3행 '諷詩調'에 대하여_최원규 / 131
풍시조 읽기_문효치 / 136
諷詩調에 나타난 형이상시법의 수사법_최규철 / 140

2024년 5월 14일

## 멋이다

맛만이 아니라 멋도 있다, 군더더기 없는 날씬함, 티가 드러나지않는 말쑥함, 지적광채가 풍기는 신선감, 컨시트가 체험하게 하는 당돌하면서도 기발한 순발력의 매력이 풍시조의 멋이다

## 매력이다

길게 쓰면 늘어지기 마련, 늘어지면 틈새가 생겨 잡것이 끼이기 마련
잡것이 끼이면 잡탕 못 면해 사무사와도 멀어져, 순수와 긴장과 함축
순수한 통징으로 감행한 복수의 짜릿함이 풍시조의 매력이다

## 신식이다


춘향전을 읽어야만 비로소 성사되는 구식은 저리 가라
읽어 끌어들인 매력도 구식, 가슴을 자장하게 해
스스로 끌려 들어오게 하는 견인력 신식, 풍시조는 신식이다

## 족하다

구각을 깨뜨리지 않고서는 새로이 태어날 수가 없다
굳이 해머나 망치를 동원할 필요도 없다, 펜 하나 던져
투필성자로 감행한 촌철살인, 3행의 경구면 족하다

※ 투필성자(投筆成字) : 글씨에 능한 사람은 붓만 던져도 잘 쓰여진다는 말.

## 시에의 돌진이다

풍시조의 전매특허품 '순수한 통징(痛懲)'은 악에 감행한 시의 복수이고 낡은 것을 깨뜨리는 새로움에의 도전이다, 그리하여 창조에 값하고자 하는 시에의 돌진이다

### 앞장선 향도다

새로운 것은 낡은 것의 적, 소이로 낡은 것으로부터 범죄시 된다
풍시조는 낡은 것에의 범죄요, 새것에의 선봉장이다, 칼이나
도끼 아닌 펜 하나 투창 삼아 꼬나들고 앞장선 향도다

## 뭘까?

근자열원자래(近者悅遠者來)는 정치 잘하면 가까이 있는 이 즐겁고 멀리 있는 이 돌아온다는 공자의 말씀이다. 요 며칠 스승의날 앞두고 제자들의 내방을 받았다. 잘한 것이 없는데 뭘까?

## 같아서

모두들 돌아보고 살 나이쯤이 됐고, 지나가 버린 것이 아름다웠다는 것을 느낄 때쯤이 된 모양이다, 그러지 않고서는 내 덕을 기릴 일도 스승에대한 고마움도 아닐듯싶은 관심의환기가 근자열원자래같아서

## 깨우쳐주고 싶어서일 듯싶다

가까이있는 이 즐겁게할만한 덕 베푼 일 없고, 더군다나 멀리 있는이
돌아오게할만한 스승의덕도 지니지못한 부덕으로살아왔는데 말년에
즐거워하고돌아오는이있다니 내실덕을 깨우쳐주고 싶어서일듯싶다

## 그게 소이였구나

자성의 시간 갖고 곰곰이 따져봐도 베푼 덕도 없었지만
실덕할 만한 부덕 또한 자행한 일 없었던 듯싶다, 그렇구나
중용지도도 덕에 더 가까운 모양이구나, 그게 소이였구나

## 때문?

늘그막에 구식스럽게 덕덕 했더니 부덕을 늦게 깨우친 소이였을 듯
유순·겸손에서 모든 덕이 생긴다던데 둘 다 내가 지니지 못한 것들
허면, 비록 덕을 지니지 않았더라도 덕이 있는 것처럼 처신한 때문?

### 풍시조 맞네

 도덕은 우리들이 선이 무엇인가를 알고, 행하고, 의혹하는 데서 이루어진다던가, 도덕의율법은 예도의 율법이기도하다 했던가, 선을 알고, 행하고, 율법에 따르면? 악에감행한 복수, 복수면 풍시조 맞네

## 뜻이렷다

무식자를 일컬어 행시주육(行尸走肉)이라 했데, 풀이하면 살아있는 송장, 걸어다니는 고깃덩이라는 뜻, 육덕(肉德)이 신앙이 되어버린 이물신시대, 인간이란게 배운것이 없으면 아무 쓸모없다는 뜻이렷다

## 더 되겠나

안체, 잘난체, 가진체 하는 체병장이들만 쏙 빗겠네
빠지면 뭘해, 송장·고깃덩이 앞에서 젠체 뻐기는 어리석음
팔불출밖에 더 되겠나

## 팔불출이네

팔불출이면 어리석은 자를 지칭하는 말 아니던가, 어리석은 자가
어리석다고 스스로 생각하면 이게 어진 것이고 어리석은 자가
어질다고 생각하면 어리석음이라 했던가, 딱 팔불출이네

## 넋두리

고족제자(高足弟子)라 했던가, 고제(高弟)라 했던가
뛰어나고 우수한 제자를 일컫는 말, 내겐 분수 밖인, 내가 어리석은
스승이었으니 어찌 고제를 입에 담겠는가, 스승의날의 넋두리

## 우우 으으 이이여서

오늘은 아침부터 우독 앰뷸런스 괴음이 이마를 짓이기고 지나간다 길일이 못될 모양이다, 길일·흉일, 점괘로 쳐볼 것 없어, 저놈의 괴물앰뷸런스가 점치고지나가거든, 귀신점괘란게 우우으으이이여서

## 귀음(鬼音)

유독 연속이다, 우우 으으 이이에 이어 아으 아으 아으며
와와와와에 꼬리를 물고 워워워, 으아아 으아아까지
갑충소리도, 짐승소리도 아닌 귀신이 내지르는 혐오음 귀음

2024년 5월 15일

## 시 외엔 가르친 것이 없다

스승의날, 30대 때부터 시를 가르치는 스승으로 불려왔다. 시 외엔 공부한것이 없었으니 시 외에 달리 가르친 것이 없다. 인생에 대해선 나도 모르니 배워야할 학생일뿐, 시인으로 시 외엔 가르친 것이 없다.

## 종직이였음을 깨달았다

허니 풍류사종과는먼거리, 돌팔이의사가그러하듯 그런선생이였을뿐
돌팔이 선생이였으니 엉터리 선생 못 면한 셈인데, 요 며칠 스승의날
맞아 스승 대접을 융숭하게 받으며 돌팔이 종직이였음을 깨달았다


※ 풍류사종(風流師宗) : 품격이 맑고 높은 스승.

## 인도 했겠는가

　　고지이소자소명이라 했던가, 스승을 두고 이르는 말이다. 경서(經書)를 가르치는 스승은 만나기 쉽고 사람을 인도하는 스승은 만나기 어렵다 했던가. 종직이 주제에 어찌 사람을 인도했겠는가.

※ 고지이소자소명(高之以小者小鳴) : 종을 크게 치면 크게 울림하고 작게 치면 작게 울림 한다 함이니 스승은 종과 같다는 예기(禮記)의 말.

## 맞네, 돌팔이 스승

사실을 암기만해서 얻는지식만 가지고있는 이는 남을 가르쳐 스승될
자격이 없다 했던가, 옳으신 말씀, 머리 둔해 암기해 얻은 지식도
변변치 못한 주제에 스승 대접을 받았으니 맞네, 돌팔이 스승

## 덜 부끄럴 듯싶어서

돌팔이 무당, 돌팔이 선생, 돌팔이 의사, 심지어 돌팔이 글방까지 변변치 못하고 엉터리뿐인 짜가가 판치는 세상, 그중에 하나가 나라니 부끄럽네만, 젠체하는 체병장이들보다는 덜 부끄럴 듯싶어서

## 맞네, 짐승

수치심을 모든 도덕의 원천이라 했던가, 부끄러움을 안다는 것은
도덕적으로 잘 무장되어 있다는 뜻, 인간만이 얼굴을 붉히는
동물이라 했던데 얼굴 붉힐 줄 모르면 맞네, 짐승

## 선악으로 써먹어서


혹불욕이백(鵠不浴而白), 따오기는 목욕을 하지 않아도 희다
한아욕이흑(寒鴉浴而黑), 까마귀는 목욕을 해도 검다
타고난 무위의 본성을 인위는 악용, 선악으로 써먹어서

## 소이다

인간의 본성은 선이라 했던데, 선을 풀이하는데 악을 빌어서
악으로 선을 풀면 선이 배가하고, 선으로 악을 풀면 악이 배가
풀이에 따라 본성도 달라질 수 있는 소이다

## 찾아와 줘야

옛분들이 하신 말씀, 돈이란 게 잡으려고 쫓아가면 달아난다 흡사 무지개가 그러하지 않던가, 해서 또 하는 말, 돈이란 게 따라와야 한다고, 행복도 다르지 않아서 스스로 찾아와 줘야

## 누릴 수 있어서

부는 분뇨, 똥과 같아 축적되면 악취 못 면하고
뿌려지면 흙을 기름지게 한다 했데, 덕도 다르지 않을 듯
쌓고 베풀지 않으면 무슨 소용, 베풀어야 골고루 누릴 수 있어서

## 값해서

관후이불가교라 했던가, 나누어 골그루 뿌렸던들 살찐
덕으로 황금이 값했을 것을 쌓아놓고 썩렸으니 못 면하느니
동취, 덕도 부도 베풀어야 덕에도 부에도 값해서

※ 관후이불가교(貫朽而不可校) : 돈꿰가 썩어서 그 수를 헤아릴 수 없다
함이니 돈이나 재물이 주체할 수 없음을 이르는 말.

## 복잡하게만 해서

사과반(思過半)이란 생각하여 스스로 얻는 바가 많음을 이름이다 헌데, 내 잡사운기(雜思韻記)는 만사(萬思)에도 얻는 것이 없다, 사고가 인간을 위대하게 한다고 했던데 복잡하게만 해서

2024년 5월 16일

## 코스대로 달리는 것이어서

종박·친박·진박 놀음하다 망한 정권 있었지, 친윤·진윤 종윤·윤핵관 놀음은 어떨까? 친이·친명·진명·찐명 놀음은 또 어떨지? 전철이란 게 정해진 코스대로 달리는 것이어서

## 대문(大門)행이어서

코스란 게 정해진 길이 아니라 '대로'여서, 막힘이 없어
정권이란 게 대로행 아니던가, 그것도 외외탕탕, 헌데
유효기간이 있어서 끝나면 소로행 아닌 대문행이어서

※ 외외탕탕(巍巍蕩蕩) : 높고 높은 왕도(王道).

## 막힌 길이어서

대(大)자로 노는 것이 쇼(小)자 놀음보다 나을랑가
왕도가 그러하고 군자지도가 그러하니 그러하겠지
헌데 대문행은 뚫린 길이 아니라 막힌 길이어서

## 이어서

막힌 길이면 출구가 없는 사면이 벽으로 둘러쳐진 복당의 문이어서
들어설 땐 대문이지만 나올 수 있는 문엔 자물통이 채워져 있어서
복당이란 게 막힌 공간의 이칭, 복 복(福) 아닌 꿇을 복(服)이어서

## 되고

정치란 게 잘하면 청사(靑史)에 살아있는 기록이 되지만
잘못하면 적사(赤史)에 피로 쓰인 기록이 돼서
정치무대란 것이 심판의 단두대도 되고

## 매질에는 면역력이 생겨서

정(政)자란 게 바를 정(正)자에 칠 복(攵)자를 붙인 소이 바른길로 가지 않으면 매로 쳐서 바른길로 들어서게 한단 뜻, 소도 잘못 들어서면 '어디여'로 정도행, 헌데 정치란게매질에는 면역력이생겨서

## 칼은 칼로 망한다던가


면역력이란 게 병균을 이겨내는 항체면 다행인데
매에 살이 오르면 치고 쳐도 아픔이 면역돼서 굳은살
살도 종아리 아닌 목에 쩌서 칼밖엔, 칼은 칼로 망한다던가

## 등식도 돼서

칼 있으면 도마 있고, 도마 있으면 피 흘리기 마련, 피 흘리는
도마면 연상시키느니 악마적 이미지 단두대, 칼과 피의
등식이란 게 생선만이 아닌 정치생명의 등식도 돼서

## 못 면해서

친윤·진윤에서 찐윤까지, 거기에 윤핵관까지면 윤핵 아닌
조각조각으로 분열 양상, 해서 핵 터졌다 하면 메가톤급
뭉치면 흩어지기도 마련, 구심점 잃으면 산산조각 못 면해서

## 돌릴 수 있는 것을

친명이니 비명이니 찐명이라고 다르겠나, 정치 속성이란 게 힘 있으면 모여들고 힘없으면 돌아서는 생리 지녀서, 힘 아닌 덕으로 근본 삼고 힘 삼으면 돌아선 발길도 돌릴 수 있는 것을

## 이석격석 즐겨서


덕이란 게 정신덕목이어서 물신시대에는 맥도 못춰
대신 육덕(肉德)이란 놈이 힘줄 세워 힘 과시하기도
힘이란 게 겨루기 좋아하는 속성 지녀 이석격석 즐겨서



※ 이석격석(以石擊石) : 돌로 돌을 친다 함이니 엇비슷한 힘을 두고 한 말

2024년 5월 17일

## 어리둥절

 1시간짜리 문학강사, 주제는 체험·상상력·형상화의 삼위일체 서두도 논리도 제대로 정립되지 못한 현대시론, 나는 떠들었고 청중들은 어리둥절, 시쓰는 것도 감상하는 것도 다르지 않아서, 어리둥절

## 딱 그래

체험이 뭔줄 알아야 상상력의 시적 기능을 이해할 수도, 상상력의 시적 기능을 알아야 형상화도, 그 유기적 창작경로를 모르고 들으니 어리둥절, 정신이 얼떨떨하고 혼란스러울밖에, 요즘 시가 딱 그래

## 시시하다 할밖에

정신이 얼떨떨한데 쓴 시라고 맑게 쓸 수 있었겠으며 썼단들
맑게 읽을 수 있겠는가, 얼떨떨에 두루뭉술, 헛소리 비슷한
진술밖에, 시가 그 모양이니 시(詩)를 시시하다 할밖에

## 여기에서 출발해야

 체험은 경험된 대상을 마음속에 모상(摸像)이나 사상(寫像)으로 인화시키는정신능력이고, 상상력은이를재생시켜 이미지와 이미지로 결구, 재구성함으로써 시창조의기본틀이된다. 시는여기에서출발해야

## 요즘 시들이 그래

헌데, 보고 느끼고 생각한 것에서 시를 출발시키는 형상 이전의 대상의 기록에서 끝나는 것이 시가 되고, 또 그렇게 시를 쓰니 시가 될 리도, 되지 못했으니 읽어봤자지, 요즘 시들이 그래

## 즐기다 마는 것을

그래그래, 그런 줄 알고 깨달았으면 안 그렇게 써야 하는데
안 그렇게도 못써, 못쓰니 시가 될 리 없고 될 리 없으니 어찌
시라고 하겠는가, 시 흉내만 즐기다 마는 것을

## 유식하겐 이미테이션


체험 인화물 끄집어내어 형상으로 재구성해 봐, 사르트르가 시는
사물로 쓴다는 말 비로소 이해하게돼, 이해 못하고 썼으면 시 이전의
시의 흉내이고, 해서 흉내장이 못 면하고, 유식하겐 이미테이션

## 천재이구나


서시빈목이라 했던가, 모방을 두고 한 말, 참된 모방은 가장 완전한
독창이라 했던데, 참된 모방은 어떤 모방일까, 인간은
모방의 천재이다 했던데 모방의 천재도 천재는 천재인 모양


※ 서시빈목(西施矉目) : 아무 비판 없이 함부로 남의 흉내를 낸다는 뜻으로
장자(莊子)의 말

## 99%의 노력인 게야

천재를 일종의 정신병이라했던가, 천재는 1%의광기를 지닌다했던가
아마도 미칠만큼 무엇엔가 집중하는 것을 두고 한 말 아닐까
그래 미치지않고 되는일도있던가, 그래서 천재는 99%의 노력인게야

## 노력 속에 있다고도

미쳤단 말, 칭찬일 수도, 집중에 집중 다하다 그것 외의 것에 관심
않으면 미쳤다고도 하지, 그래서 하는 말 천재란 근면의 결과만도
천재란 최선을 다하는 그 노력 속에 있다고도

## 상사고 아니던가

병촉야유라 했던가, 촛불을 켜놓고 즐기는 밤이면 행복에 겨움 아니던가, 촛불로 노독을 달래는 그리움으로 깊은 밤이면 뭘까? 상사고(相思苦), 고분지통이 상사고 아니던가

※ 병촉야유(秉燭夜遊) : 촛불을 켜고 밤에 놂.

## 이러할 듯


님으로 생긴 이병 봄 탓이 아닌 것을/ 세상엔 하루같이 시름뿐 끝이 없고야/ 저승이 다시 그려 못내 설워하노라※
시름 이 지경이면 시름시름 앓음, 상사고가 이러할 듯


※ 계생(桂生)의 시조 「병중에서」.

2024년 5월 18일

## 한쪽을 잃었으니 캄캄

눈은 마음의 등불, 몸의 등불이라 한 성구(聖句), 눈이 곧 빛이란 뜻 아니던가, 두 눈 중 좌시력 제로직전, 두 등불이어야 할 눈이 한쪽 잃었으니 '너의눈이 맑으면 온몸이 맑을것'이란 한쪽을잃었으니캄캄

## 외눈박이 견자라니

잡지인생 60여 년, 오자·탈자 잡느라 그리 눈을 혹사시켰으니 어찌 성하길 바라겠는가마는, 헛눈질·곁눈질 마다하고 밝고 곧게 투시, 견자(見者) 못 하렸더니, 한쪽 등 꺼진 외눈박이 견자라니

## 아름다운 것 못 보았거니

'행복한 두 눈이여/ 그대는 무엇을 보았는가/ 그것이 무엇일지라도 모두가 하나같이 아름다웠노라' 괴테의 파우스트 절구다, 나는 무엇을 보았을까? 보이느니 추하고 더러운 것뿐, 아름다운 것 못 보았거니

## 삐딱하게만 보았거니

창두(蒼頭)의 눈은 사목(四目), 복희씨(伏羲氏)의 눈은 대목(大目)
요임금·순임금의 눈은 삼모자(三眸子), 공자의 눈은 하목(河目)
내 눈은 사시(斜視) 세상 삐딱하게만 보았거니

### 세상 탓이지

밤눈 어두운 것을 야맹(夜盲)이라 했던가, 헌데 내 눈은 감을수록 더 잘 보여서, 혹시 도시(盜視)나 아니었을지, 사시 못 면한 걸 보면 훔쳐보고 째려보는 몰래 엿봄에 능했던 듯, 내 탓 아녀, 세상 탓이지 아니었나?


 세상이 하 더러워 째려볼밖에 없었거니, 해서 곁눈질에 능했더니 그게 도시(盜視)였던 것을, 잘못된 것, 보지 않아서는 안 될 것을 보고 그발한 것이 정시(正視)인 줄 알았더니 아니었나?

## 부정 · 부패 감시했던 것을

솔직히 말하면 한쪽 그 지경 된 것도 따지고 보면 못 볼 것보다
찡그려져 비뚤어진 것을, 그 속엔 목광여거, 쌍햇불 밝혀
풍시조로 비리 · 부조리 · 부정 · 부패 감시했던 것을


※ 목광여거(目光如炬) : 안광이 횃불과 같다는 뜻이니 노기 띤 눈을
이르는 말.

## 흉내 했을 듯

　시인 이상(李箱)은 감시의 눈을 오감도(烏瞰圖)로 새의 눈을 제거해 버림으로써 캄캄한 세상으로 부감(俯瞰)했거니 내 눈 목광여거였으면 다하지 못했지만 견자 흉내 했을 듯

## 정직한 눈 지녔음일 듯싶어서


흉내면 남이 하는 대로 따라 했음 아니던가, 헌데 두 눈 뜨고도
제대로 못 본 백목(白目)에 달걀봉사가 대부분, 봉사에 비하면
사시 몫 했을지도, 선한 눈이 아니라 정직한 눈 지녔음일 듯싶어서

## 정직한 눈일 듯싶어서

세상의 눈들 비리·부정·악행 앞에 하고도 맹자단청 쳇병보다야
사시면 성하고 건강한 부조리 제대로 볼 줄 알았던 정시(正視)
아니겠나, 보는 척하는 것보다야 정직한 눈일 듯싶어서


※ 맹자단청(盲者丹靑) : 보아서 알지도 못하는 것을 '보는 체'함.

## 정직의 정직 같아서

있는 것을 있는 대로 볼줄 알고, 말할 줄 아는 정직을 나는 사랑한다
노벨문학상 수상자 러시아의 보리스 파스테르나크의 망명 일성이다
잘못을 잘못으로 고발하는 것은 정직 아니던가, 정직의 정직 같아서

## 더러워서

거짓·꾸밈이 없는 바른 마음을 정직이라 않던가
교언영색이 체질화되어버린 낯바닥의 시대
정직이 되레 병신 취급되는 세태라니 더러워서


※ 교언영색(巧言令色) : 남의 환심을 사기 위하여 아첨하는 교묘한 말과 그럴듯하게 꾸미는 얼굴빛.

2024년 5월 19일

## 부자마을

학의동(鶴儀洞), 고향마을 이름이다. 마음으로 불러 봐도 이미 가슴은 자장(磁場), 설레는 그리움이 된다. 처마와 처마를 맞대고 사는 가난한 마을, 정만은 차고 넘치는 부자마을

## 고향 덕에 산다

학의동에서 태어나고 자라 높게 날고 멀리 나는 학의 꿈 지녔더니 고향에의 그리움 사향, 아내에의 그리움 전하는 내 전령사가 될 줄이야, 득거를 지켜 벗해주는 학 한 마리 고향 덕에 산다

## 낙원살이인 것을


한운야학(閑雲野鶴)이면 신선놀음 아니던가, 학 한마리 벗하고 사는 것도 다르지 않을 듯, 그보다는 그리움을 지니는 한 영원히 낙원에서 추방되지 않는다 안했던가, 그리움전하고 함께시는 낙원살이인 것을

## 뭘 하겠는가

그리움 지녀 모음(慕吟)으로 답하고, 흥 길러 모음 전하니
안분지족이 값함 아니던가, 고향 덕, 아내 덕에 호강하고
살면서 하는 일 즐거우면 더 바라 뭘 하겠는가

## 귀담아 들었던 모양


헐렁했던 바지가 허리에 걸치기에 웬일 했더니 뱃살이 붙어서였던 것을, 허리에 힘이 없어 허리 구부리고 살았더니 웬 뱃살? 육덕(肉德)타령 했더니 못된 것 귀담아 들었던 모양

## 무망지복이지

허리·등 펴져 꼿꼿해지길래 내심 좋아했더니, 한 짐 그리움의 무게에 뒤로 젖혀졌던 것을, 아무러면 어떻나, 두동치활에 허리까지 꾸부정이면 상늙은이, 상자 면했으니 무망지복이지

※ 두동치활(頭童齒豁) : 머리는 민둥머리, 치아는 듬성듬성, 늙은이를 두고 한 말.

## 같을 듯

스승의날이라고 베푼 덕도 없어 분에 넘치게 선물·촌지·전화까지 대접을 받았다, 늙은이 위로였을 듯, 때맞춰 졸수(卒壽)를 맞는 친구 있어 축하했더니 고맙단다, 받는 고마움과 주는 고마움이 같을 듯

## 꽃상여로 보내자

역병 코로나로 단절됐던 정들이 살아 길을 트는가 보다
뒤틀려버린 인성들도 회복기미 보이는 듯하고, 객관적
거리도 좁혀진 듯싶다. 더러운 역병 코로나시대 꽃상여로 보내자

## 지족자부(知足自富)인 것을

누항자락이라 했던가, 남루 못 면하는 소박한 삶과
마음의 뜻 높이 지닌 고상한 이상이면 지족불욕 아니던가
삶 누추해도 마음이 때 묻지 않았으면 지족자부인 것을

※ 누항자락(陋巷自樂) : 더러운 곳에 천하게 살면서도 스스로 지족하고 삶.
※ 지족불욕(知足不辱) : 만족할 줄 알면 욕되지 않는다는 장자(莊子)의 말.

## 즐거움인 것을

즐거워서 하는 일, 자족할 줄 알면 금상첨화. 스스로 만족할 줄
알고 행하면 그보다 더한 신명 있던가, 종아소락이 곧
신명이고, 신명이 곧 즐거움인 것을

※ 종아소락(從我所樂) : 나가 즐겨한 바를 따름.

## 행복이 따로 있던가

수분안졸이라 했던가, 사무한신이라 했던가
안분지족과 같을 듯싶네만 다름은 옹졸함을 지키고
분수를 지킴으로써 맛보는 편안함, 행복이 따로 있던가

※ 수분안졸(守分安拙) : 분수를 지키고 편안함.
※ 수졸안빈(守拙安貧) : 옹졸하고 가난함 속에서도 자족함.

2024년 5월 20일

## 재수 없어

출근해 책상머리앉으면 제일먼저 밟고 지나가는 것이 앵앵앵 아니면 우워우워, 뭣때문어 지르고 무슨 소린지 알 수 없는 앰뷸런스 혐오음 이유여하 불문, 시도 때도 없이 지나갈 때마다 내뱉는 말 "재수없어"

## 복음 같아서

재수 없는 소리 질러댈 때마다 귀한 생명 구하기 위한 충실, 잘 안다 악음이 구원의 복음일 수 있다는 것도 잘 안다, 잘 알면 알수록 거부반응으로 작용하는, 먹물 토해내는 까마귀 울음은 복음 같아서

## 시끄러운데


악음·혐오음·괴음으로 들리는 것이 앰뷸런스 경적음
악악 질러댈수록 직무에의 충실이라니, 딱도 하다 한마디씩 하는 말
"시끄러워", 안 그래도 세상 쌍말·막말·솔구이발 시끄러운데

## 재수 없는

가장 높은 양반, 출세하신 분, 존경받는 분이 국회의원나리 아니던가
헌데 나라 국(國)자란 것이 입 구(口)자가 둘 들어가 있어서 말 많은
직업이 아니라 구설수 못할 수도, 입에 오르내렸다 하면 재수 없는

## 설사병


구설(口舌)이란 게 남의 입에 오르내리는 말, 시비하는 말 비방하는 말 아니던가, 입이 둘이니 그럴 수도 있다 치고, 구설이란 말에 구설(久泄)도 있어서, 머리의 항문인 입으로 토해내는 설사병

## 말 때문에

말이란게 말씀이 되면 덕담이고 말이 되면 대담이 되고, 소리가 되면 개나발이 되지, 불어댈수록 왕왕 아니면 킹킹(king king) 그래서 왕과 킹이 수난시대 못 면하는 게야, 말 때문에

## 같은

말이란 게 요술쟁이여서 말을 달리하면 딴 의미를 갖게 되고 의미를 달리 배열하면 딴 효과를 갖게 된다, 어떻게냐고? 살자→자살, 여보→보여, 멍멍→왕왕, 깽깽→킹킹 같은

## 차선이다

말은 고뇌를 고치는 의사, 영혼을 고치는 힘, 묘약(妙藥)했던데
선의로 하는 말들이고, 스스로를 베는 칼, 도끼는 그 반대되는
말이다, 해서 입을 다무는 것이 최선, 여는 것이 차선이다

## 다르지 않은 소이다

뜻이 되지 못하고, 되더라도 진실이 되지 못하면 소리로 끝난다 흡사 용이 되지 못한 이무기와 같다, 그런 소리들이 세상을 기어 다니고, 떠돌아다니고, 시끄럽게 한다, 말도 다르지않은 소이다

## 값한다

말은 말씀이 되지 못하면 소리로 끝나기 마련이다, 소리에는 고저장단의 가락은 있으나 진실이나 선에 값하는 지시기능이 없다 말이 소리밖에 될 수 없을바엔 침묵으로 대신 함이 말씀에 값한다

## 또한 이러하다

참묵이 참된 지혜의 최상의 응답이 됨이 그러하고, 침묵이 떠드는 것보다 웅변 되는 소이가 또한 그러하다, 뿐인가 입속의 말이 갇혀 있을수록 빛나는 소이가 또한 이러하다

## 중간대에 살고 있는 존재란 것


인간은 신과악마사이에 부유한다했던가, 인간은 신과 동물의 중간적 존재라 했던가, 인간은 존재 저쪽에 내어던져진 피투존재라 했던가 따져도 답 없고, 오직 하늘과 땅의 중간대에 살고 있는 존재란 점

2024년 5월 21일

## 다시 내민다

　30년 전쯤이던가 『진단시(震檀詩)』란 동인시지가 있었다 내가 지은 이름이었고, 그래서 애정을 가지고 어려운 여건에서 10집을 냈었다, 그후 잊고 있었더니 후학들이 다시 내민다

## 살아있었던 게야

"복간하는 것이 어떻겠느냐"다, 처음엔 '뭐하게 그걸 또 해' 했었는데
아니었다, 해서 나쁠 것이 없고, 함으로써 유익하다 판단됐기 때문
그래, 살아남았어야 할 것은 그 뿌리가 살아있었던 게야

## 살아있게 된다

뿌리, 나무에만 있는 근본이 아니다, 정신적인 것에도 뿌리가 있어 성장하는 근간으로 작용한다, 작용해 살아남을 만한 가치를 지닌 것은 소멸하지 않고 생명력을 지속, 살아있게 된다

## 아니겠는가

『진단시』 동인들이 활발하게 문단의 중추들이 되어 활동하고 있다 살아남을 만한 뿌리를 지니고 있었음이고, 살아있어 그 생명력이 시로 개화, 꽃을 피워내고 있었음이 아니겠는가

## 선(善)이다

동인지 『진단시』의 부활을 다행으로 생각한다. 인생이란 죽음과 부활은 연속이라 했던가. 모든 이별은 죽음을 예상하고 모든 재결합은 부활을 기대한다 했던가. 재결합과 부활은 선이다

## 선(善)도 되찾고

어찌 선을 행하고자 하는데 외면할 수 있겠는가, 더구나 진단시란 명명은 내 작품이 아니었던가, 해서 진단시 속간은 내 부활도 되고 선도 된다, 악에 감행했던 복수도 되고 선도 되찾고

# 함께

격탁양청이라 했던가, 견선여불급이라 했던가, 선을 두고 한 말
되새겨 볼만, 행복이란 최고의 선이란 말도 함께, 선이란
뉘우침이 연속하는 가운데 있는 법도 함께


※ 격탁양청(激濁揚淸) : 악을 미워하고 선을 좋아함.
※ 견선여불급(見善如不及) : 힘써 착한 일을 해야 한다는 뜻

## 선의 지향이었다는 것을

음회세위(飮灰洗胃)란 말이 있다, 재를 마시고 위를 씻는다 함이니
마음을 고쳐 착하게 됨을 이르는 말이다, 그걸 몰랐네
비위난정이 역겨움이 아니라 선의 지향이었다는 것을

## 더러운 위(胃)지


비위난정, 아유구용이 일으키는 구토증 아니던가, 위가 상함이 아닌
위가 살아있어 성함인 것을 미처 몰랐어, 게워내야
성함이지, 게워내지 못하면 상한 위, 삼키면 더러운 위지



※ 아유구용(阿諛苟容) : 남에게 잘 보이려고 아첨하는 태도란 뜻으로
사기(史記)의 말.

## 바라겠는가

중국 격언에 자기에게 아첨하는 자는 적, 꾸짖는 자는 선생
옳은 말씀이오나 적도 없고 선생도 없으니 쓸모 있는 위인이
못됨인 것을, 어찌 만부지망을 바라겠는가

※ 만부지망(萬夫之望) : 모든 사람들이 존경하고 우러러보는 존재라는 뜻

## 못했기 때문일 듯

살아있는 동안 위대했던 인간은 죽으면 배로 위대해진다
했던가 아직 그런 사람 보지 못했으니 이 땅엔 위대한
위인이 없었음이거나 위인을 볼만한 안목을 지니지못했기 때문일 듯

## 흐른다 했던가


큰 나무는 많은 바람을 맞고, 폭풍은 높은 언덕에서 불어닥치고, 위치가 높으면 위험도 많다 했던가, 크고 높은 것과 담을 치고 살았으니, 깊은 내는 소리도 없이 흐른다 했던가

■ 시집 평설을 대신해서_諷詩調에 대한 사계의 견해

# 三行詩의 안팎

문덕수(전 예술원 회원)

1.

박진환의 三行詩Ⅷ『諷詩調』를 읽고 느낀 바가 많지만 다 말할 수는 없을 것 같다. '諷時詩'라고 하지 않고 '諷詩調'라고 한 것은 '시조(時調)'와는 다른 장르임을 말하는 것이 분명하고, '풍조시(諷調詩)'가 아니라 '풍시조(諷詩調)'라고 한 것은 이와 유사한 다른 장르명의 어순을 따를 필요가 없음을 암시한 것 같다. 어쨌든 '풍시조(諷詩調)'는 다른 누구의 것도 아닌, 바로 박진환의 장르다. 그가 풍시조의 시조요, 창업자다.

'풍시조(諷詩調)'의 '풍(諷)'은 '풍자(諷刺, satire)'일까. '풍유(諷喩, allegory)'일까(諷諫, 기자(譏刺)라는 말도 있다). 풍(諷)은 '言十風(음)'으로 된 글자인데, 떨리는 소리로 낭독하는 것을 풍송(諷誦)이라고 하고, 바람이 나뭇가지나 이파리를 흔들듯이 사람의 마음을 움직이는 것을 '풍(諷)'이라고 한다. '풍자'는 후자에 해당한다. 그러나 이러니저러니 따질 필요는 없다. '시작품' 자체가 시론이기 때문이다. '풍시조'의 정체는 박진환의 작품에 있다고 하겠다.

> 달콤한 오수 깨며 띠리링 울리는 벨소리 속 목소리
> 기막힌 부동산 정보 전해 드리려고요
> 너나 기막히세요, 난 귀 열고 매미소리나 벗하리니
> ―「귀 열고」

IT매체들(휴대전화 등)을 통해 부동산 중개업자(복덕방)의 이러한 극성스러운 메시지는 시민들이 역겹도록 경험하고 있는 현실이다. 시도 때도 없는 각종 정보 발신에 시민들이 무방비 속에 시달리는 것은 정보공해라고 할 수 있다. 이 시는 요즘의 이러한 부동산 시장의 상황과 정보공해가 전제되어 있고, 이러한 상황을 어느 정도 공유하고 있는 독자에게만 공감이 절실할 것이다. 풍자건 유머건 간에, 독자의 다양한 지적 교양이 전제된다는 점에서 지성적 활동이라고 할 수 있다 (박진환을 '주지시'의 계열의 중요시인으로 보는 것도 이 때문이다).

2.
왜 3행시일까. 20행, 30행의 장시나 산문시면 안 되는가. 초·중·종장과 같은 3행이지만, 시조의 율조와는 관계가 없다. 종장 '3·5·4·4'와 같은 율조도 지킬 필요가 없다. 음보와도 관계없다. 시조의 3행과 같다는 말도 사실상 넌센스다. 그럼에도 3행시로 한 뭔가의 이유가 있지 않을까. 앞에 든 「귀열고」에서 여러 가지 장치를 전지(剪枝)하고 3단논법의 뼈대만 추려 본다.

> 남을 괴롭히는 전화는 받기 싫다(대전제)
> 요즘의 부동산 정보전화도 사람만 괴롭힌다(소전제)
> 그러므로 내게 그런 전화하지 말라(결론)

이와 같은 논리소('화소'라는 말이 있지만 '논리소'라고 해둔다)로 환원시켜 놓고 보면, 「귀열고」는 3단논법의 시상 전개임을 어느 정도는 이해할 수 있다. 상황 제시(대전제, 제1행), 권유나 권고(소전제, 제2행), 거절(결론, 제3행)로 된 3단형이나 구문면에서는 문답형이다. 3단 논법이란 2개 이상의 전제를 제시하고, 거기서 결론을 도출하는 추론형식이다. 2개든 3개든 2행으로 전제를 제시하거나 열거하고, 논리 진행의 반전, 좌절, 총합 등으로 결론을 도출하게 되면 '3단형'이 되지 않을 수 없다. 또 구문상의 '문답형'으로 본다고 하더라도 물음과 답이 각각 1행씩 합해서 2행이 되고, 물음과 대답을 성립하기 위한 전제적 상황 제시가 1행을 차지하면, 이 또한 3행 형식을 취하게 된다.

> 돈 많은 세상에 돈 없이 배고파하는 꼴이나
> 물난리에 물이 없어 목말라 하는 꼴이나
> 사람 중에 사람 없어 정치공황 부황든 꼴이나
> ─「꼴이나 꼴이나」

「꼴이나 꼴이나」도 3단형이긴 하나 논리의 극적 국면(반전, 좌절 등)이 약한, 즉 편평(扁平)한 3단형이다. 더 정확하게 말하면 전제만 3행으로 열거되고 결론이 없는(결론은 독자의 몫으로 남겼다.) 일종의 '나열형'이다. 틀(뼈대)을 추려보면 "풍족 속의 굶주림은 꼴불견이다(제1행), 홍수 속의 갈증은 꼴불견이다(제2행), 인재 귀한 정치 공황은 꼴불견이다(제3행)"의 3단형인데, 대전제·소전제·결론 형이 아니라 단지 전제의 3행 나열에 지나지 않고, 이러한 나열을 총합한 결론은 독자에게 맡겨져 있다. 구문상으로는 '꼴이나'가 각행의 끝말로 반복(세 번 반복)되는데 귀납형의 방식이라고 할 수 있다. 대전제를 먼저 제시하는 3단 논법형과는 다르다고 하겠다. 3단형이라고 하더라도 여러 가지 성질의 형식이 있으므로, 여기서는 변죽만 건드려본 정도로 그치겠다.

3.
다음엔 실제 작품을 조금 음미해 본다. 「귀열고」는 「夏夜」와 더불어 박진환의 풍시조 중에서 가장 재미있는 작품인 것 같다. 전형적인 작품이라고 해도 괜찮다.

'기막히다'의 활용형(기막힌, 기막히세요)은 문답의 '고리' 역할을 한다. 부동산중개업자와 시적 주체도 연결시켜준다. 그런데, 대답 부분(제3행)의 '기막히세요'라는 '고리'에는 '기막히다(어떤 일이 하도 어이없거나 엄청나서 질릴 정도이다와 같은 부정적 성질의 의미와, 어떻다고 말할 수 없을 만큼 좋거나 정도가 높다와 같은 긍정적 성질의 의미가 공존한다)'와 '귀(耳) 막히다' 등의 의미가 공재해 있고, '귀 막히다'는 뜻의 말은 짐짓 잘못 알아들은 것으로 되어 있다. 이 풍시조의 재미는 '기막히세요'라는 고리에 내재된 다채로운 뉘앙스의 삼중 겹침에 있는 것 같다. 여기에 "너나 기막히세요"라는 독백 형식의 대답에는 "너나 잘하세요"(영화 「친절한 금자씨」의 주인공이 한 말도 연상되고, 더 지적으로 민감한 독자라면 "사또님 말씀이야 다 우습지"나 "사돈네 남의 말 한다"와 같은 속담도 연상하게 될 것이다. 또 2인칭 대명사 '너'와 높임말인 '기막히세요'는 존대법상 일치하지 않는다. 이러한 문법적 불일치도 미적·풍자적 효과에 한몫 더한다. 말하자면 독자의 지적 수준에 따라 그 웃음과 재미가 증감된다. 아마 이러한 시적 장치의 전부를 담아 뭉뚱그리기에 적합한 가장 간결한 형태가 3행시가 아닐까도 생각된다.

> F킬라를 뿌리듯 이발사가 내 머리에 스프레이를 분무한다
> 내 머리를 모기나 파리 대가리쯤으로 아는 모양이다
> 하긴 싹싹 손 비비고 남의 피나 핥았으니 그럴 법도 하지
> ― 「이발소」에서

전제가 되는 부분의 열거를 1행, 2행에 배당하고, 그 전제를 근거로 제3행에서 결론을 도출한 3단형이다. "이발사가 내 머리에 스프레이를 뿌린다(제1행), 나를 모기나 파리로 간주하는 것 같다(제2행). 아첨하고 착취했으니 이발사의 행위는 당연하다(제3행)"는 것이 이 풍조시의 뼈대다. 추린 논리소다. 그러나 이 논리 속에는 의도적 곡해(曲解)와 사회를 향한 우회적 공격이 숨어 있다. 논리 속에 숨은 이 장치의 이해가,

이 풍시조 수용의 전제가 된다.

특히, "싹싹 손 비비고 남의 피나 핥았으니"에서, 1인칭(모기나 파리의 1인칭)인 '나'의 비하(卑下)를 통해서 파리나 모기와 다를 바 없는 자신이 바로 사회의 무고한 사람들에 대한 침입자나 가해자였음을 폭로한다. 자기가 바로 풍자의 칼날에 희생되어야 할 대상이며, 자신의 비하가 공격과 비판을 위한 칼날 갈기의 전제라는 아이러니를 본다. 일종의 도회(韜晦)의 비늘이라고 할까. 새디즘과 매저키즘은 동전의 양면이라는 심리분석도 이 경우에 해당될지?.

> 夏! 정말 덥다, 夜! 시원하다
> 夏夜보다 더 신나고 시원한 것 없을까
> 없긴 왜 없어, 下野란 말 있잖아
> ―「夏夜」전문

「夏夜」는 문답형 중의 자문자답형이다. 독백형 자문자답이다. 두 개의 전제에서 의외의 결론을 끌어낸 3단 형태라고도 할 수 있다. 제1행의 대전제가 그 다음의 소전제와 결론인 대답을 가능하게 해준다. 어쨌든 '夏夜'라는 펀(pun)과 더불어 박진환식 풍자와 해학의 가장 돋보이는 전형적인 시다. '夏夜'에 내포된 골계미와 풍자성을 분석해 보자.

'하야'라는 시니피앙에는 1)계절로서의 夏夜, 2)'하! 야'라는 반응의 감탄사, 3)하야(下野)라는 시니피에가 겹쳐 있다. 반복하면 시니피앙의 한 덩어리 속의 세 시니피에가 꼬리를 물고 꼬여 메비우스의 띠처럼 회오리친다. 특히 '하야(夏夜:下野)'라는 말이 지닌 풍자성이 시 전체(1행, 2행, 3행)에 삼투되어 방사(放射)한다. 웃음 속에 감추어진 칼날을 보는 것 같아 섬찍하다.

4.
끝으로 풍시조 1편과 외국의 우화 1편을 비교해 볼까 한다. 대상은 둘 다 '중동(中東)'이다.

> 열사의 불 먹고 사는 탓에 제 버릇 못 버려 즐기는 불장난
> 　　　석유까지 불을 뿜어대니 연일 불바다지
> 　　　얼음을 먹어야 식히는데 中束엔 仲冬이 없으니
> 　　　　　　—「仲冬이 없으니·1」

이것은 일종의 '편'이다. 「夏夜」에 비하면 편의 구조도 퍽 단순한 편이다. 페르시아만(아라비아만)의 해변에 '개구리' 한 마리가 햇볕을 쬐고 있는데, '전갈(scorpion)'이 와서 바다 건너 저쪽 언덕까지 등에 태워 건너달라고 부탁한다('전갈은 몸속 독낭에 못 모양의 독침이 들어 있는 동물이다).

"싫어. 넌 전갈 아냐. 날 찔러 죽이려고"
"바보 같은 소리" 내가 찌르면 너도 죽지만 나도 익사하지 않는가. 잠시 생각한 끝에 개구리가 말한다.
"그렇군. 그럼 내 등에 올라타"

전갈을 등에 태운 개구리가 아라비아 바다를 건너기 시작한다. 바다 복판쯤에 왔을 때, 전갈은 갑자기 독침을 꺼내어 개구리를 찔러 버렸다.
"왜 이래?"
전갈이 대답했다. "여긴 중동(中東)이야."

유머지만, 이것은 '우화'의 형식을 취하고 있다(박진환도 '우화' 쪽으로 발전할지도 모른다). '개구리'는 아라비아만으로 관광온 유럽인인지도 모른다. 그러나 이 조크에 등장하는 '전갈'과 '개구리'의 본의(本義)가 각각 유럽과 중동 중에서 어느 쪽인가에 따라 작품 전체의 이야기가 달라지고, 공격의 대상도 반대가 된다. 그러면 박진환의 풍시조의 공격 대상은 누구인가. 중동만이라고 할 수 없다. 여기서 해학이건 풍자건 그 속에 감춘 예리한 '날'의 현동화(現動化)가 실은 얼마나 어렵고 미묘한 것인가를 시사한다. 특히 「전갈과 개구리」의 경우, 그 균형(balance) 잡기의 어려움을 실감하게 된다.

나는 오늘의 한국시의 지형도를 그려본 적이 있다. 1)전통과 서정(전통적 서정시), 2)메시지와 관념(관념시, 생태시), 3)이미지와 물리성(언어 이미지시), 4)탈관념의 실험(탈관념시), 5)주지적 처리(주지시) 등이 그것이다. 한국시의 동서남북이라고도 할 수 있다. 우리 시단의 특색 있는 시의 중요한 작품들은 일단 이 지형도로 배열, 배치할 수 있다. 우리 시의 현황이다.

나는 박진환의 최근작(3행의 풍시조)을 주목하면서 '주지시'

의 장르로 보았다. 지금도 나는 이러한 자리매김을 후회하지 않는다. 김춘수는 박진환의 풍시조에 대하여 『하여지향(何如之鄕)』을 쓴 송욱의 '전철'을 밟고 있다고 했지만, 나는 송욱과 '같은 계열'이라고 보지, '전철'이라고는 생각하지 않는다. '풍자의 노끈'으로 송욱과 박진환을 칭칭 묶어 버리는 것도 가능하나, '풍자'가 있는 '주지(主知)의 토포스' 속에 자리한 박진환의 거처가 지닌 의미의 진폭을 이해할 필요가 있을 것 같다. 풍자, 해학, 편, 아이러니, 비꼼, 조롱 등은 '주지시'의 자원이긴 하나 이것만이 전부는 아니다. 이러한 주지시는 송욱, 김현승, 김광섭 등을 거쳐 김기림(金起林)의 장시 『기상도(氣象圖)』(1936)에 이른다는 사실을 이해한다면, 주지의 여러 가지 자원이 뭣인가를 짐작할 수 있다. 『기상도』가 지닌 주지적 풍부함의 목록을 일일이 확인할 필요가 없을까.

 이야기를 많이 에둘렀다. 다시 「仲冬이 없으니・1」과 「전갈과 개구리」 이야기가 지닌 한 가지 토픽도 주지(主知)가 지닌 여러 가지 목록 중의 하나다. 지성은 억제와 조절에 바탕을 둔 '균형'을 강조한다. 형이상적 존재의 인식, 그 인식이 지닌 초월성의 자기화(自己化)에 의한 시선의 확보, 그 중의 풍자적 시선이 공격 대상을 선정하는 일에 도리없이 참여하는 '균형'은 특히 중요하다. 저울대의 무게와 추가 형평을 이룰 때 '풍자'는 더욱 빛날 것이다.

■ 시집 평설을 대신해서_諷詩調에 대한 사계의 견해

# 知的調律에 의한 시 意味의 密度와 結晶度
— 『諷詩調』의 창간에 부쳐

성찬경(전 예술원 회원)

　문예지 『풍시조(諷詩調)』가 창간되었다. 때는 2008년 초여름이고, 앞으로 계간지로 계속 발간될 것이라는 예고다.
　문예지라고 했지만, 문예지치고는 매우 특수한 성격을 지니는 문예지다. 우선에 소설은 배제된 시 전문지이지만, 넓은 범위의 시 일반을 싣는 것이 아니라 '풍시조(諷詩調)'란 새로운 시적 유형과 범주에 속하는 시만을 모아서 엮는 시지이니, 이를테면 시단 안에서도 특수 전문지의 성격을 갖는다. 흔히 취미 오락 등을 다룬 잡지에 낚시니 등산이니 바둑 등을 전문으로 다루는 잡지를 보게 되는데, 『諷詩調』는 시 안에서도 독특한 장르만을 대상으로 하는 일종의 전문 시지(詩誌)인 셈이며, 우리나라 시사(詩史)와 시단의 현황이 어언 여기에까지 이르렀는가 하는 감회를 갖게 된다.
　여기에서 좀 더 차분히 『諷詩調』의 출현을 지금까지 키워온 그 뿌리와 수맥을 살펴볼 필요가 있다. 말할 것도 없이 이

『諷詩讀』의 근본이 되는 자양적 모태는 박진환 시인이 약 30년에 걸쳐서 전개해온 넓은 의미에서의 지성시(知性詩) 운동이다 박진환 시인은 이러한 지성시의 구체적인 전개방법으로서 '형이상학시'의 기치(旗幟) 아래, 이른바 변용의 시를 추구해온 것은 세상이 다 아는 바다.

변용의 시도 실은 그 개념의 범주가 좁다 할 수는 없다. 더 구체적으로 말하면 시에서의 위트, 컨시트, 또는 펀과 같은 기법을 활용하여 시의 정서적 구조를 지적 구조로 바꾸고, 그럼으로써 시를 의미의 밀도에서 좀더 경질(硬質)의 것이 되게 하려는 시적 추구를 말한다. 그리고 이것은 그 시적 추구에서 17세기 영국의 '형이상학파' 시인들의 추구와 그 맥이 통한다는 사실도 우리가 알고 있는 바와 같다.

여기에서 박진환 시인의 이러한 시적 추구가 우리 시의 현실적 상황과 어떠한 관계에 있는가 하는 점을 살필 필요가 있다. 현재의 우리 시는 한 마디로 지성이라는 영양소의 결핍 증세가 심한데, 또한 그것을 자각하고 있지도 못하다는 것이 나의 솔직한 판단이다.

시에서 지성이 하는 구실은 일종의 조화 감각이라 할 수 있다. 시가 너무 한 쪽에 치우치는 것을 막아주는 감시의 역할을 하는 것이 바르 지성이다. 그래서 시에서 지적 요소가 부족하면 시가 한쪽으로 치우치는 것을 막지 못한다. 시에서 눈물이 너무 많아진다거나, 지나치게 격정에 사로잡힌다거나 정서의 내용이 너무 가냘퍼진다거나, 또는 지나치게 괴기해진다거나 하는 현상이 모두 지성적 작용의 결핍에서 오는 증후라

할 수 있다.

　문예지 『조선문학』을 중심으로 하는 한 무리의 문인들이 문학에서 지성적 구실을 강조하고, 줄기차게 우리 문단에서의 이러한 허점을 보완하고자 한 문학적 공헌에 대한 평가에서 우리는 몰인식과 소극성을 벗어나지 못하고 있는 것이 아닌가 하는 것이 역시 나의 생각이다.

　이번에 발간된 『諷詩調』는 박진환 시인이 벌여온 시운동의 더욱 정제된 결정과도 같은 것이며, 이것을 일종의 '문학적 발명'이라 해야 마땅할 것이라는 생각이 든다.

　어느 시대에 있어서나 문학의 새로운 양식은 그것이 하나의 새로운 발명임을 의미한다. 그리고 진정한 의미에서의 '발명'이라면, 얼핏 보아 아무리 하찮게 보이는 것일지라도, 거기에는 발명자의 많은 시간과 피땀과 노고가 스며있음을 잊어서는 안 된다. 시에 있어서도 마찬가지다. 시의 새로운 체질과 양식과 장르의 발명이 실은 시인들의 끊임없이 노력하고 추구하는 목표이기도 한 것이다.

　'諷詩調'의 출현 역시 결코 하루아침에 이루어진 우발적인 출현이 아님은 말할 것도 없다. 지금까지 박진환 시인이 시도해온 많은 '3행시'와 '諷詩調'가 그 싹이 되어 피어왔음은 물론이다.

　『풍시조(諷詩調)』가 갖는 새로운 체질적 특색을 간단히 살펴보겠다. '諷詩調'가 우리 고유의 전통적 시가의 형식인 '시조(時調)'와 체질적 연관성이 있음은 물론이다. 諷詩調의 구성이 3행으로 돼 있는 점이 초중종 3장으로 돼 있는 시조와 일치한다는 것에서도 이 일을 알 수 있다. 원래 시조의 초중종 3장도 시조보다 더 뿌리 깊다 할 수 있는 동양 고유의 한시(漢詩)의 기승전결에서 나온 것임을 우리는 짐작할 수 있다. 4행1련을 기본 단위로 하는 기승전결은 사실 동서고금의 모든 시적 감흥의 기본 틀이기도 하다. 다만 시조의 경우 종장에 해당하는 3장에서는 '전(轉)'과 '결(決)'이 한 행에 압축됨으로써 4행의 경우보다도 더욱 극적 효과와 시의 긴장감을 높여주고 있다.

이와 같이 諷詩調는 시조와 일맥상통하면서도 예술적 감흥을 겨냥하는 데에서는 시조(時調)와 사뭇 다르다. 곧 시조의 시의 뜻을 한자의 때시 '時'에서 글시 '詩'로 바꿔놓은 데서 그 겨냥하는 바를 짐작할 수 있다. 시조(時調)가 그 주제를 시대적 풍습에 맞추는데 두고 있다면, 諷詩調에서는 시류(時流)를 넘어서는 작품으로서의 시적(詩的) 가치를 높이려는 의도가 숨어 있으며, 이런 점에서 '諷詩調'는 이른바 순수시(純粹詩)와도 그 방향을 같이 하게 된다.

'시조(詩調)', 곧 시의 흐름에 또 '풍(諷)' 자가 결합되어 있으니, 이것은 또 어떤 의도를 품고 있는 것일까. 여기에서 '풍(諷)'자는 박진환 시인이 시지의 '창간사'에서도 밝히고 있는 바와 같이 시에 넓은 의미의 풍자성(諷刺性)을 담으려는 의도와 다를 바가 없으니, 이 풍(諷)의 개념에는 시에서 전개할 수 있는 지적 작업 일반의 여러 항목이 두루 포함돼 있으며, 위트, 아이러니, 새타이어, 시니시즘(비꼬움) 등 표현상의 역설적 기법이 종횡으로 등장하게 된다.

그리고 이러한 풍자는 그것이 일종의 지적 응징의 구실을 하게 되는 것이며 이와 같은 응징의 숨은 의도는 바른 사회, 꼴불견인 시류적인 속물(俗物)들이 사라지는 사회, 양식이 통하는 밝은 사회의 출현을 바라보는 것이니, 깊은 뜻에서는 이 풍자의 정신이 곧 인도주의적 염원과도 일치한다는 점을 간과해서는 안 될 것이다.

'諷詩調의 보기로서, 박진환 시인이 전, 현직 대통령을 소재로 풍자한 시를 보려 한다.

> 노랗게 노랗게 노자로 시작해서
> 나리나리 개나리 리자로 끝나면 무슨 나리게
> 개나리, 노노노 무식하긴 노나리지
> —「개나리」

> 이명박 대통령 임기 끝나 퇴임하는 날이 2012년 12월 26일
> 이날에 맞춰 돌아가는 시계가 이명박 시계란다
> 시작이 엊그젠데 퇴임 날 꼽아가며 돌아가는 시계가 있다니
> —「이명박 퇴임시계」

펀과 시니시즘과 새타이어가 2중 3중으로 얽히고 꼬인, 고도로 지적인 시적 작업임을 알 수 있다. 이보다 더 따끔한 응징적 일침이 또 있겠나.

계간지 『諷詩調』는 이제 막 창간되었기 때문도 있겠지만, 아직 동인지의 성격을 완전히 벗지 못한 느낌도 없지 않아

있다. 앞으로 이런 점도 차츰 보완이 되리라 믿어지며, 이 시지가 잘 성장하여 응분의 구실을 하게 될 것을 나는 축원의 시선으로 바라본다. 그렇다 하더라도 일관성 있는 '지성시'에의 헌신과 노고가 정당한 평가를 받게 되는 날이 우리 시사(詩史)에서 언제 찾아올 것인가.

■ 시집 평설을 대신해서_諷詩調에 대한 사계의 견해

# 諷詩調의 깃발과 風向
- 새로운 시 운동에 대하여

김용직(전 학술원 회원)


극히 최근에 그 모습을 드러낸 諷詩調 운동에는 두 가지 정도의 전략이 내장되어 있는 듯 보인다. 그 하나가 독특한 형태양식 해석이며 다른 하나가 현실 상황을 향한 예각적 공격의식이다. 명백히 현대 서정시의 서부(西部)를 개척하려는 의욕으로 시도된 이 시운동은 그러나 그 형식을 3장 6구를 원형으로 한 단형시 제작을 바탕으로 하고 있다. 3장 6구의 단형시라면 우리 머리에는 곧 한국 전통시가 양식인 시조가 떠오른다. 시조는 국민문학파에 의한 개혁운동 이후 새로운 토대를 마련하게 되었다. 이때부터 시조는 고전시가의 인습적인 면을 벗어나 새 시대의 양식이 된 것이다. 諷詩調는 시조의 이런 틀을 이용하려는 듯 보인다.

諷詩調는 그 의식성향으로 보아 상당히 공격적이며 호전적이기까지 하다. 그 도마 위에는 정치, 경제, 사회, 문화의 문제만이 아니라 개인의 윤리, 도덕적인 사건까지가 가차 없이 올라 난도질당한다. 그런데 많은 경우 諷詩調의 비판, 공격은 예술적 의장을 거치지 않은 가운데 이루어진다. 諷詩調에서 풍(諷)은 수사론에서 풍자를 뜻할 것이며 고전문학의 감각을 곁들이게 되면 풍간(諷諫)과 같은 맥락에서 해석될 말이다. 풍자와 풍간에 역겨운 현실, 아니꼬운 대상을 꼬집고 공격하는 단면이 내포되어 있는 것은 사실이다. 그러나 그런 경우의 비판, 공격은 진술의 형태로 이루어지는 것이 아니라 비유의 형태를 취하는 것이 바람직하다.

풍자문학에서 직접적 언술(言述)이 아니라 간접적인 기법이 이용되는 까닭은 단순하다. 많은 경우 시인이 아니꼽게 생각하는 대상은 한 시대와 사회에서 강한 힘을 가진 개인이거나 집단과 그 부수 형태인 제도나 규범들이다. 그들을 진술의 차원에서 공격하는 경우 작품들은 즉각 압수, 폐기되고 그 제작들은 연행, 구속될 위험에 노출된다. 시와 예술이 노려야 할 것은 이런 자살 특공대식 자기표출이 아니다. 이런 감각이 생산해 낸 전략의 결과가 풍자로 해석되어야 하는 것이다.

諷詩調가 3장 형식을 취한 것에 대해서도 이와 거의 같은 이야기가 가능하다. 諷詩調가 3행시의 형태를 이용한 것은 3행시가 한국 전통 시가를 대표하는 것으로 판단된 결과일 것이다. 새로운 시가운동이 국민문학의 자리에 오른 양식의 특성을 이용하는 것은 슬기로운 일이다. 그러나 이 경우에도 우리는 창작활동에서 기본교의 하나를 기억하고 있어야 한다. 모든 창작활동에서 형태는 묵수될 것이 아니라 새롭게 해석, 개척되어 나가야 한다. 국민문학파의 전례가 가리키는 바와 같이 3장 6구의 시조가 갖는 큰 틀은 긍정적으로 계승될 수 있다. 그러나 그 틀 속에 새로운 시로서의 호흡과 맥박은 끊임없이 재창조되어야 한다.

우리는 모처럼 시도되는 諷詩調 운동이 한국 현대시의 높은 산맥이 되고 푸른 강줄기를 이루어나가기를 희망한다. 이런 소망이 다소간 비판적인 생각을 토로하게 된 셈이다.

■ 시집 평설을 대신해서_諷詩調에 대한 사계의 견해

# 박진환의 3행 '諷詩調'에 대하여

최원규(충남대 명예교수)

　최근 지속적으로 왕성하게 발표해온 박진환의 삼행시초 '諷詩調'야말로 괄목할만한 한국적 단형시다. 더구나 시대적 상황이 사회적으로 굵직한 이슈를 던져주었던 전변의 정치적 관심이 우리 모두를 끌어들이는 시기와 맞물렸기 때문이기도 하다. 이미 정권 교체에 따른 권력의 갈등에서 겪은 일이지만 대선과정에서 마지막까지 문제가 되었던 BBK 사건, FTA, 숭례문 복원, 대운하 찬반, 광우병 등으로 인한 촛불 시위 범람이 쓰나미처럼 휩쓸고 지나갔으며 아직도 그 여진이 계속되고 있다.
　이렇게 불안한 계절에 시인은 이들의 갈등과 부조리를 외면하고 추상적인 언어를 기반으로 하는 사회적 연대감에서 벗어나 강 건너 불구경만이 순수의 미덕인가. 마땅히 지식인으로 가치판단이나 문화적 선악에 동참, 선도의 언어가 필요해진 것이 너무 당연하다. 하물며 시는 시인끼리 담을 쌓고 그 속에 안주해 있는 모습에서 벗어나 시민과 동참 동행하는 시민의식이 필요하다.

이미 우리 시의 역사 속에서도 한용운, 이육사, 윤동주 그들의 평가에서 볼 수 있듯이 그들의 시에서 우리의 의지와 나라를 걱정하는 애국시가 용솟음치기도 하였다. 그런 점에서 이 시대 박진환의 諷詩調야말로 우리 시단의 중요한 뇌관을 건드린 사건이라고 판단된다.

諷詩調는 삼행이라는 점에서 시조와 같으나 구조나 형태적 특질이 시조의 틀을 벗어났을 뿐만 아니라 어귀나 비유법의 방법을 시조와 달리한다. 한편 화제가 되고 있는 시대적 상황을 직접적인 논의와 평가를 요구하며, 아이러니, 패러독스, 유머로 수용한다. 요컨대 박진환의 '諷詩調'는 업투데이트한 시대적 사회시를 전제한다. 그러므로 그의 '諷詩調'는 작중 인물들의 선행이나 악행의 전제를 제시하며 마지막 행에 이르러서는 개선이나 선과 악의 가치판단의 동참을 요구한다.

박진환의 '諷詩調'는 악과 사의 교정을 위한 화해적 개선이라는 점에서 꼬집고, 비꼬고, 깎아내리고, 비아냥하고 비판, 고발, 폭로를 시의 바탕으로 삼되 마지막 의도는 '순수한 통장'을 감행함으로써 풍자시보다는 한 차원 높은 시적 장치를 갖추고 있다는 점에 주목한다.

박진환은 엄격하거나 거창한 테마를 희극적으로 처리하거나 재미와 멸시, 분노와 냉소의 태도를 환기시킴으로써 그것을 약화시키는 기법을 사용한다. '웃음을 무기로 사용하고 작품의 외부에 존재하는 과녁을 겨냥한다. 그 과녁은 개인적인 일일 수 있고, 어떤 계층이나 제도나 국가나 인류 전체에게까지 할 수 있다'라고 전제한다.

요컨대 화자가 단정하는 외견상 주장과 속으로 의도하고 있는 의미가 서로 다른 진술을 할 때 그 진술은 태도나 평가를 명백히 표현하지만 그것과 매우 다른 태도나 평가를 함축하고 있는 것을 포함하는 것이 아이러니의 기술이라고 보았을 때 박진환의 '순수한 통정'을 암시한다. 발음이 같고 흡사하지만 의미는 전혀 다른 같은 소리에 다른 의미를 갖는 말들은 때로 읽는 이에게 가치판단의 결정적인 한편으로 기울게 하기보다 그것을 유보하며 역지사지(易地思之)의 공평성을 유발시키고 화해성을 유도한다.

박진환은 시적인 재담(equivoque)도 있고 때로 언어유희(pun)도 있지만, 그것들은 읽는 이로 하여금 간담이 서늘해지는 경지까지 유발한다. 때로는 '삶 속의 죽음'이나 '쾌락의 고통', '사랑의 증오'들처럼 메타피지컬포에트(Metaphysical poets)들이 사용한 흔적에 영향되었다고 할 수 있으나 박진환의 경우 경고성의 환기에 더 치중함을 볼 수 있다.

마침내 풍(諷), 시(詩), 조(調) 각개의 문자 의미의 내부를 탐색할 때 모두 언(言) 말씀이 들어있다. 말씀[言]은 글[文]과 구별된다. 글은 논리와 절제를 요구하지만 말[言]은 흘러가는 물과 같이 지형이나 지세에 따라 형태가 변하며 응집한다. 그러므로 흐름의 방향은 같지만 물줄기는 즉흥적이며 당대의 상황에 따라 전변한다.

말씀[言]은 바람[風]과 절[寺]과 두루할 주(周)를 더하여 동서남북, 종횡무진, 당대를 섭렵한다. 그리하여 박진환의 '諷詩調'는 마침내 세상사의 이야깃거리의 중심부에서 주제할 수 있는 정세의 총화와 전환을 암시한다.

박진환의 諷詩調가 꼭 3행이어야 하는가의 문제에 대하여 신중히 생각해야 한다. 다만 어느 민족이고 그 민족의 정서적 흡인력에 의하여 자연 발생적으로 생겨난 정형적 틀이 있어 왔다. 가령 당시(唐詩)의 4언 또는 7언 절시나 영시의 4행시(quatrain), 이행연귀(couplet), 14행시(sonnet) 모두 각운 구조로 결합된 강약음보격의 시행으로 되어 단일시귀(stanja)의 서정시인데 우리의 고유 문학형태의 시형(시조)들이 3장 6귀의 원칙을 고수한 것은 민족적인 고유성과 기풍(Ethos)에 의한 것이라고 믿는다. 다만 박진환의 경우 꼭 우리의 시조를 의식한 3행시는 아니지만(사실 시조와는 그 정형시로 의미구조의 잣대에 맞지 않음) 정형시로서 규율에 맞는 것이 아닌 자유시로서의 의미를 더욱 확대한다.

외형상 3행시로 처리한 것은 압축과 긴장미의 효과를 살리며 음수율에서 체험할 수 없는 탄력을 보여준다.

그리하여 3행시는 우리에게 낯익고 우리 말의 생태적 관습의 순리에 수용된다. 또한 시의 자연스런 형태의 공감이 일반화되었기에 박진환 삼행시가 우리 시단의 충격파를 더해 간다고 생각된다. 그의 3행 諷詩調의 창출은 우리 시문학사의 새로운 원형을 배가시킨 원동력이 될 것이며, 한편 시적 표현미학에서 잡다한 외래적 수용의 난맥상을 제압하는 데 주요한 길잡이가 될 것이다.

박진환의 3행 '諷詩調'는 시조(時調)와 등자이의어(同字異義語)로 우리에게 새로운 정형성의 모델을 제시한다. 그러므로 우리 현대시가 지닌 무모한 율격이나 시적 주제의 미숙성 또는 혼미성을 극복하는 데 따른 주제시로서 확실한 언덕이 형성된 셈이다.

■ 시집 평설을 대신해서_諷詩調에 대한 사계의 견해

# 풍시조 읽기

### 문효치(전 문협 이사장)


 박진환 시인의 諷詩調를 읽었다  풍시조(諷詩調)라는 낯선 이름에 대하여 저자는 풍자시를 줄여 풍시라 하고 거기에 무슨무슨 투나 태도의 뜻으로 조(조.調)를 붙였노라고 설명하고 있다. 그러니 諷詩調의 본질은 풍자시일 듯하다.
 우선 재미있다. 식상한 이미지들의 나열이나 아니면 거의 산문화 되어버린 요즘의 시들에 입맛을 잃었는데 이 諷詩調는 매우 신선한 재미를 느끼게 해 준다.
 세상은 부조리와 불합리와 부정 불의 등으로 가득 차 있다. 이러한 세태가 우리를 짜증나게 하고 화나게도 한다. 살맛을 잃게 한다. 정말 살맛을 잃게 하는 재미없는 제재를 박진환 시인은 재미있는 시로 만들고 있다.

 핵, 우리도 그간거있어 펑펑터지는 국제특허품 不字標 핵 있어
   불평등·불공평·부조리·부정부패·부동산 투기까지

건들면 폭발하는 순 국산 不字標 핵 있다고, 까불고 있어
　　　　　　　　　　　　　　　　　　　—「까불고 있어」 전문

　불평등 불공평 부조리 부정부패 부동산 투기 등 우리사회에 만연한 부정적 요소들, 이것들은 가히 우리 사회를 파괴시킬 만한 위력을 가지고 있다. 정말 심각한 문제다. 이런 사항들을 '不字標핵'으로 둘러댄 그 재치가 재미있다. 그래서 이 시를 보면 일단 웃음이 난다, 진짜 핵을 '그깐거'라고 대수롭지 않은 존재로 봄으로써 '不字標 핵의 위험성을 한껏 고조시켜 놓았다. 내용은 매우 심각한 문제성을 가지고 있지만 표현된 말들은 우리를 재미있게 해 준다.
　'까불고 있어'라는 끝절은 상대방(진짜 핵을 가진 자)에게 눈을 흘기며 짐짓 더깨를 으쓱거리는 모습을 떠올리게 해 준다. 다소 장난기가 보이는 모습을 연상하면서 시인의 재치를 다시 한번 실감케 해 준다.
　이러한 부조리 불합리한 사태를 능란한 솜씨로 비꼬고 농락함으로써 독자들은 후련한 카타르시스를 느낀다. 내가 미처 하지 못한 앙갚음을 대신 갚아 주는 것 같기도 하고 어쩌면 내 심정을 잘 알아주는 것 같기도 하다.
　이 책은 멸시 분노 증오의 정서를, 비꼼 냉소 조소 조롱 역설 등의 언사로 가득 채워 놓았다. 그러나 궁극으로는 교정·교훈의 의지가 숨겨져 있다.

　　뭐라구라우, 사람 낳고 돈 낳제 돈 낳고 사람 낳다구라우

> 허허 이 양반 순 구식이네
> 신식으론 돈 낳고 사람 낳제, 사람 낳고 돈 낳고가 아니여
> ―「뭐라구라우」 전문

 돈 낳고 사람 낳은 것은 불변의 진리이다. 그러나 신식으로는 돈 낳고 사람 낳았다고 큰소리친다. 그러나 이것은 역설이다. 화자가 진짜로 하고 싶은 말은 이른바 구식인 '사람 낳고 돈 낳다'는 말이다. 이것이 뒤집힌 세상, 전도된 가치에 대해서 일갈하고 꼬집은 것이다. 그리고 그에 대한 반성과 교정을 꿈꾸고 있는 것이다.
 삼행으로 압축한 단아한 모습의 시형에도 주목하고 싶다. 말 그대로 촌철살인의 짤막한 말이 감동을 준다. 요즈음 장황한 수다를 늘어놓는 시들이 범람하면서 이렇게 간결한 시들이 그리워진다.

> 나라님 물러나면 낙향하여 통나무집 짓고 시나 쓰며 살겠단 말
> 아무래도 허사같다. 시는 말을 아끼고 줄이는 언어경영인 것을
> 저리 말이 헤퍼서야 어찌 말의 진수에 닿을 수 있을지
> ―「아무래도 허사 같다」 전문

 듣기 좋은 수다로 대중들을 현혹하며 실천보다는 말을 앞세우는 정치인을 비꼬며 질타하고 있지만 한 편 짤막한 시론을 엿볼 수 있는 시다. 그렇다. 시는 '말을 아끼고 줄이는 언어경영'인 것이어서 '말이 헤퍼서'는 안 될 일이다.

삼행은 우리의 눈에 익숙하다. 어려서부터 시조를 읽고 배워왔기 때문이다. 물론 시조의 형식에 맞춰 음수율을 조절한 것은 아니지만 그 속에 기승전결의 구조를 가진 것들이 많은 것도 이해하기 쉬운 대목이다.

지금이 바로 이러한 시들이 필요한 시대인 것 같다. 잡지마다 넘쳐나고 있는 산문조 요설이 시성(詩性)을 잠식하고 있고, 그리고 비꼬고 조롱하고 비난하고 질타해야 될 일들이 많은 세상일수록 그러한 세태를 지적하고 경계하며 교정해야 하기 때문이다. 시가 궁극적으로는 인간을 위하고 옹호하는 것이라면 시가 이러한 일에도 적극 관심을 가져야 할 것으로 생각한다.

■ 시집 평설을 대신해서_諷詩調에 대한 사계의 견해

# 諷詩調에 나타난 형이상시의 수사법

최규철(시인 · 문학평론가)

### 들어가는 말

어느 사회학자는 '농경사회의 삶이 시간 잉여(時間剩餘)의 시대였다면 오늘날과 같은 정보화 사회는 시간 기근(饑饉)의 시대라'했다. 그것은 그 정도로 오늘의 시대가 시간에 쫓기며 살아가는 고속화 시대를 맞이하고 있다는 것이다. 따라서 이러한 고속화 사회에 사는 현대인들의 문학작품에 대한 선호도도 역시 장편소설보다는 단편소설을, 장시보다는 단시를 더 선호하는 경향이 있다. 특히 시에 있어서 현대인들의 구미에 맞는 시는 짧으면서도 그 속에 다분한 내용을 함축함으로써 큰 감동을 주는 시라 하겠다. 이런 시대적 요구에 부응하는 시가 바로 박진환 시인이 착안하고 시운동을 전개하고 있는 諷詩調이다.

諷詩調의 기법은 형이상시의 레토릭(rhetoric)과 흡사한 면이 많다. 컨시트의 기발한 지적 놀라움, 서로 상반된 양극화의 결합과 그 조화, 역설과 반어(反語), 시의 순수한 통징을 통한 내적 울분의 해소와 사회 구조악(構造惡)의 개선 등이 바로 그것이다.

특히 3행시의 짧은 글 속에 함축된 내용과 그 여운을 담기 위해서는 압축적이고 생략적인 구문이 필요하다. 따라서 각 행의 전환 및 반전이 빠르게 전개되는 특색이 있다. 이것은 양극화의 긴장이 팽팽할수록 행과 행의 전환속도가 빠르고 생략과 압축의 미학이 더욱 살아난다.

필자는 그동안 지면을 통해서 3. 4회에 걸쳐 언급해온 諷詩調 시학에 대한 이론을 총괄하고 종합하여 주로 諷詩調의 형이상시적 유사성과 레토릭(rhetoric) 기법의 측면에서 접근해 보고자 한다.

## 1. 諷詩調의 순수한 통징

諷詩調는 일종의 풍자시의 성격을 띤 시라 하겠다. 풍자시의 사전적인 정의는 부정부패와 비리 현상과 모순 등을 다른 사물에 비유하여 폭로와 공격 일변도의 시를 말한다. 즉 풍자시라고 하는 한자가 풍자할 풍(諷) 찌를 자(刺)로 명시한 바와 같이 모든 죄악상을 어떤 사물로 빗대어 찔러 고통을 가하게 하는 일종의 보복성을 뜻하는 성격을 내포하고 있는 시가 대부분이다. 그러나 諷詩調에서 말하는 순수한 통징의 주된 목적은 諷詩調를 통해서 죄의 아픔을 느끼게 할 뿐만 아니라,

뉘우치고 돌이켜 새롭게 변화하게 하는 데 주력하는 시의 기능을 말한다. 다시 말하자면 죄의 부패성에 대해서 단순히 찌르고 고통을 가하게 하는 데 그치는 것이 아니라 메스를 가하고 수술을 함으로써 병을 낫게 하는 데 그 목적이 있음을 말한다.

그러나 여기서 주의 깊게 보아야 할 것은 수술을 가하되 고통을 없애게 하기 위해 마취제를 동시에 투여하는 방법을 취하고 있다는 사실이다. 즉 유머를 통해서 웃음을 주고 즐거움을 줌으로써 그 고언을 달게 받아들이고 소화시킬 수 있는 기능을 지녔다는 것이다. 諷詩調의 통징이야말로 우리의 뇌에서 일종의 모르핀이나 엔도르핀과 같은 호르몬을 분비하게 함으로써 무통수술을 하게 하고 오히려 미묘한 시적 희열을 주게 하는 절묘한 수술비법을 의미하고 있다. 諷詩調의 작가들은 이런 諷詩調의 순수한 통징의 특성을 숙지하고 이러한 순수한 통징의 기능을 살리는 데 노력해야 할 것이다. 諷詩調에서 이러한 순수한 통징이 살아있지 못한다면 그것은 諷詩調로서의 시적 역할을 다한 시라 볼 수가 없다. 諷詩調의 생명이 바로 여기에 있다 할 수 있기 때문이다.

참으로 諷詩調의 순수한 통징이야말로 오늘과 같은 종말론적인 징조를 토로하고 인류의 구원을 갈구하게 하는 시대적 사명의 성격을 띤 시라 하겠다. 현대사회는 갈수록 첨예한 양극화 조성으로 인한 양자구도의 대립상이 심화되고 있다. 오늘날 정치 경제 사회 문화 전반에 걸친 인류사회의 갈등과 분쟁이 바로 이런 극단적인 양극화 현상에서 오는 결과라 하겠다. 그렇다면 현대시가 어느 때까지 이를 외면하고 오히려 음풍농월(吟風弄月)만을 일삼아야 하겠는가. 시가 인생문제로 깊이 들어가서 이런 양극화 문제를 해소하고 하나로 융합하는 화해와 일치의 시학으로 발전해가야 할 것이 아닌가. 그러한 의미에서 諷詩調 운동의 필연성이 강조된다.

더욱이 환경오염으로 인한 생태계의 훼손과 대기오염으로 인한 오존층의 파괴, 그리고 지구 온난화에서 발생하는 엘니뇨현상 등으로 인류의 생존 문제에 심각한 적신호가 켜있다. 이런 각박한 상황에서 탈출하기 위한 녹색시학 운동의 전면에 諷詩調가 자리하고 있음을 알 수 있다.

시인은 예언자적인 예리한 눈을 가지고 미래사회의 변화를 직시하면서 오늘의 잘못된 과오를 지적 감동을 통해서 깨닫게 하는 순수한 통징에 무한한 관심을 쏟아야 한다.

　　　　세상이 왜 이러나 유행병처럼 자살·자살·자살
　　　마음 한 번 고쳐먹으면 살자·살자·살자가 되는데
　　　　뭐 그리 좋은 거라고 일편단심 자살이람
　　　　　― 박진환의 「뭐 그리 좋은 거라고」

한국인의 자살률이 OECD 30개 회원국 가운데 1위를 기록하는 불명예를 안고 있다. 연예계의 인기 스타들과 대기업의 총수들이 잇따라 자살을 하고 심지어 전직 대통령까지도 스스로 목숨을 끊음으로써 사회적 충격이 크다.

박진환 시인의 諷詩調「뭐 그리 좋은 거라고」는 1행의 자살·자살·자살이라고 하는 부정적인 죽음의 개념과, 2행의 '살자·살자·살자라고 하는 긍정적인 생명의 개념을 양극구도로 서로 거꾸로 뒤집어 대치해 놓음으로써 기발한 위트와 유머를 돋보이게 한다. 이러한 諷詩調의 기능이야말로 격한 자살충동을 완화시켜 줄 뿐 아니라 생에 대한 강력한 의욕까지도 유발하게 하는 시적 감동을 가능케 한다. 여기서 諷詩調의 풍자 속에 담고 있는 간절한 회심에의 바람이 '마음 한번 고쳐먹으면'이란 말로 표현되고 있다. 이것이 바로 諷詩調가 지닌 순수한 통징의 힘이다.

> 피를 빨아 먹는 모기 잡는데 의견이 분분하다
> 정치가 어떻고 법이 어떻고 대통령이 어떻고
> 입으로 모기 잡나? F킬라를 뿌려야지
> ― 박진환의「입으로 모기 잡나」

이 시는 그 제목부터가 웃음을 터뜨리게 하는 유머가 있어 마음을 끈다. 이 시 속에 감추어 있는 암시성과 시사성(示唆性)이 모기와 F킬라라고 하는 기발한 메타포를 통해서 큰 감동을 준다. 정계와 법조계의 부패상을 바로잡는, 즉 '피를 빨아 먹는 모기를 잡는데'에는 입으로 하는 설왕설래(說往說來)로써는 근절될 수 없다는 것이다. 특히 수사법 중에서 변화법의 하나인 '입으로 모기잡나?'라고 하는 설의법으로써 F킬라라고 하는 정답을 독자에게 물어 찾아내게 하는 레토릭으로써 스스로 개혁의지를 촉발하게 하는 순수한 통징이 돋보인다. 찌르고 자르고 쪼게는 메스질이 가해짐에도 불구하고 뇌에서 분비되는 모르핀을 통해서 즐거운 다음으로 웃고 수긍이 가능케 하는 회심과 변혁의 비법이 있다.

## 2. 諷詩調가 갖는 컨시트의 특색

형이상시의 컨시트(奇想, conceit)는 형이상시의 특징 중에서 가장 중요한 특징의 하나라 할 수 있다. 외견상 전혀 유사성이 없거나 상반되고 양극화된 사물이나 상황들을 재치 있고 기발한 방법으로 결합하여 소위 사무엘 존슨(Samuel Johnson)이 언급한 '부조화의 조화'를 이루게 하는 비유적인 수사법을 말한다.

그러나 諷詩調에서 보여주는 컨시트의 특색은 형이상시에서 말하는 그것과는 사뭇 다른 양태의 컨시트를 볼 수 있다. 3행시 구문의 생략적인 특성 때문에 행과 행, 낱말과 낱말, 심지어는 문자와 문자로부터 서로 상반된 사물이나 개념의 명칭과 발음 등을 찾아내고 거기서 특별한 의미성을 유추하여 또 다른 의미를 창출해내는 언어유희적인 기발한 컨시트를 선보이고 있다. 이런 관점에서 볼 때 諷詩調의 컨시트는 단순히 두 가지 사물이나 개념을 교묘하게 결합하여 뜻밖의 유사성을 찾는 기존의 형이상시의 컨시트와는 다른 특성을 지니고 있다고 하겠다.

>           대통령 국정평가 잘했다가 44.2%, 못했다가 41.1%
>                     막상막하, 정치란 게 그래
>              上 뒤집으면 下 되고, 下 뒤집으면 上 되거든
>                                    — 박진환의 「物神時代·216」

  국민이면 누구나 알게 모르게 다 정치에 젖어 살면서 나름대로의 정치철학, 내지 생활철학을 가지고 있다. 그래서 3행에서 '정치린게 그래'라 토로한다. 이런 지적 깨달음을 풍자적으로 소화시켜 표현하기란 그리 쉬운 일은 아니다. 이런 이유 때문에 민감한 사안을 받아들여 유머로 웃어넘길 수 있고, 감동 받아 깨달음을 갖게 하는 諷詩調의 기법에 주목할 수밖에 없다. 그래서 諷詩調가 지적이며 문화적인 통징을 가져오게 하는 첩경이라 여겨진다.

  이 시에서 놀라운 기지의 발산은 2~3행에 있다.'막상막하, 정치란게 그래 / 上 뒤집으면 下 되고, 下 뒤집으면 上 되거든'에서 '막상막하(莫上莫下)'의 上과 下의 문자를 세웠다 뒤집었다 하면서 요동치는 정치판의 불안정성을 꼬집는, 재기(才氣)가 번뜩이는 컨시트를 선보이고 있다. 여기서 다만 上·下라고 하는 양극성의 문자를 가지고 세웠다 뒤집었다 하면서 엉뚱하게 결합한 결론이 「정치란게 그래」로 귀결한다. 이렇게 諷詩調의 컨시트는 동떨어진 개념이나 이미지를 결합하는 데 그치는 것이 아니라, 서로 상반된 단순한 두 개의 문자로써 새로운 제3의 개념을 형성하게 한다. 이런 관점에서

諷詩調의 컨시트는 보다 다양하고 발전된 성격의 것이라 볼 수 있다.

>  박지성・박주영의 꼴은 오 코리아
>  OECD국 중 환경평가 맨 꼴찌의 꼴은 어이쿠 코리아
>  둘 다 꼴은 꼴이다마는 뒤에 꼴은 노꼴만도 못해서
>  ― 박진환의 「物神時代・191」

지금 지구촌은 환경오염으로 인해서 점차로 죽어가고 있는 실정인데 우리나라가 OECD국 중에서 환경평가 최하위라 한다. 이 시에서는 이런 실정을 풍자적으로 꼬집고 있는데, 1~2행에서는 축구의 '끌인'과 환경평가의 '꼴찌'란 서로 유사성이 없는 언어들을 관련 지워 '오 코리아'와 '아이쿠 코리아'라는 서로 반대되는 개념의 언어로 대비시켰고, 3행에서는 꼴찌의 '꼴'을 '노꼴'이라는 상충・상반되는 개념과 연관시킴으로써 '둘다 꼴은 꼴이다마는 뒷 꼴은 노꼴만도 못해서'라는 순발력 있는 기지(wit)를 보여준다. 동시에 더 나가서는 축구의 '꼴'과 환경평가 꼴찌라는 '꼴'의 두 글자들을 교묘하게 결합한 諷詩調의 컨시트의 진수를 보여주고 있다.

### 3. 諷詩調의 양극화 기법

또 한 가지 諷詩調에서 가장 두드러지게 나타나는 특징 중의 하나가 양극화 현상이다. 그러기 때문에 諷詩調의 컨시트

는 동떨어지고 상반된 가장 먼 거리의 양극성을 폭력적으로 결합하는 과정이나 패러독스와 아이러니의 양면성에서 오는 강한 텐션이 諷詩調로 하여금 그만큼 응축된 의미의 비유가 되게 한다.

    걸핏하면 여·야 율사들 발목잡느니, 발목잡히느니 해쌌는디
    뿌리치고 혼자만 가려고 하니 그러지, 동행해봐, 왜 발목잡나
    잡혀 부러지면 목발신세 못면해, 발목 거꾸로 해봐 목발이지
        — 박진환의 「발목 거꾸로 하면 목발이지」의 전문

  분쟁과 불화의 결과가 발목이 목발로 바뀌는 기발한 발상, 곧 생명체를 비생명체로 둔갑시키는 대담한 컨시트의 수사법이 놀라움을 준다. 그 외에도 여·야 율사들, 발목잡느니 발목잡히느니, 발목과 목발 등의 양극화가 이 諷詩調 전면에서 팽팽한 긴장을 조성시켜주고 있다, 거기다가 본래 여·야가 대치하는 정치구도, 그것만으로도 양극의 역학관계를 유지하는 긴장상태인데 여기에 분쟁과 충돌이 생기면 발목이 목발이 되는 더욱더 팽팽한 긴장관계를 촉발한다. 그래서 이 諷詩調는 웃기면서도 여·야가 정치적 협력관계를 잘 유지해야만 나라가 산다는 통징적인 메시지도 담고 있는 시이다.

    악법·약법, 청문회, FTA로 여·야 붙어도 한판 크게 붙겠다
    탓하지 말 것이 싸워야 국회답지 잠잠하면 그게 더 두려워
    마찬가지야, 아이들도 싸움질하면서 크지 않던가

— 박진환의 「아이들도 싸우면서 커」

 이 諷詩調는 번번히 일어나는 국회의원들의 성숙하지 못한 의결과정에서의 난투극을 한 마디로 꼬집은 시이다. 아이들이 싸우면서 커가듯이 국회의원들도 싸우면서 커가야만 하는가 하는 시인의 통탄이 곁들어있는 시이다. 가장 성숙해야 할 국회의원들과 가장 성숙하지 못한 나이인 어린이들의 양극현상을 동류부류로 간주하여 이질성 속의 유사성을 찾는 시인의 기지가 번쩍인다. 여기에는 양극간의 이질성이 유사성으로 바뀌는 과정에서 서로 잡아당기는 강력한 텐션도 드러나 있다. 「싸워야 국회답지」에서는 국회가 싸움판이 되어서야 되겠는가 하는 아이러니의 성격을 띤 레토릭도 있고 국회가 변화되기를 촉구하고 갈망하는 통징도 들어있다.

### 4. 諷詩調의 구조와 그 전환속도

 형이상시에서와 마찬가지로 諷詩調에서도 생략된 구문을 씀으로써 의미의 간력과 밀도를 더하게 하고, 또한 집약적 표현으로써 시의 단축을 꾀하는 기법을 강조한다. 그 결과 시 전개과정에서 그 전환 속도가 빨라지기 마련이다. 그래서 시의 구조가 3행시로 되어 있고 따라서 행의 길이가 짧으면 짧을수록 생략적 효과가 살아나서 함축성이 있는 시가 된다.

 諷詩調는 평시조(平時調)와 같은 초장 중장 종장의 3행 형식의 구조이면서도 3장 6구 12음보의 정형시에 매이지 않은 자유시요, 동시에 평시조보다 더 빠르고 생동감이 있는 기승전결(起承轉結)의 전개가 있다. 따라서 諷詩調의 함축성과 텐션을 살리기 위해서는 될 수 있는 대로 행의 자수(字數)를 줄이고 생략하는 것이 좋다.

> 침묵이 金이라고? 순 구식
> 요즘 세상에선 말 잘해야 출세해
> 신식으론 침묵은 禁이야
> — 박진환의「침묵은 禁이야」

1행의 金이 3행에서는 禁으로 바뀐다. 1행에서 침묵은 金이란 말은 구식이요, 3행에서는 침묵이 禁이란 말로 바뀐 것이 신식이라는 것이다. '요즘 세상에선 말 잘해야 출세해'라는 새로운 진리(?)를 발견하고 시대와 더불어 급속히 변하는 처세술의 격세지감을 실토한 시라 하겠다. 또 이 시 속에는 침묵이 금(金)이었던 옛 시대가 참이요 말을 잘해야 출세한다는 현 시대가 잘못된 것이라는 시사성(示唆性)이 들어 있다. 諷詩調가 그 짧은 시로써 현시대의 많은 모순과 부조리를 다 압축하여 표현할 수 있는 것은 오로지 3행시 속에 짧은 행으로 모든 것을 소화시킬 수 있는 수용성(受容性)과 빠른 전환기능을 지탱할 수 있는 메커니즘에서 온 것이다.

> 銅臭에 코피터진 놈이

> 銅醉로 게워내는 주정
> 뭘 쳐다봐, 너나 나나 다를 것이 없는데
> — 박진환의 「物神時代·68」

 이 시는 銅臭와 銅醉를 병치하고 3행에서 '뭘 쳐다봐, 너나 나나 다를 것이 없는데'로 동류화((同類化)시킨 해학적인 기법이 눈을 끈다. 銅臭란 말의 뜻은 돈으로 출세를 하려고 하거나 모든 것을 해결해 보려고 하는 물신주의자들을 낮잡아 하는 말인데 오늘날은 술로써 출세를 하려고 하거나 모든 문제를 해결하려고 하는 銅醉도 많다는 것이다. 銅臭와 銅醉의 내용이 담고 있는 절묘한 조화가 압축되어 이 짧은 諷詩調 한 편을 창구로 하여 오늘의 모든 시대상을 한 눈으로 볼 수 있다.

 그러나 풍조시에서 행의 자수를 줄이고 표현의 생략적인 효과를 극대화하려는 경제적인 언어구사는 아무나 할 수 있는 것이 아니다. 허다한 諷詩調에서 발견할 수 있는 것은 행이 짧으면 그 표현과 의미성도 부실한 경우가 많다는 것이다. 따라서 諷詩調는 자수(字數)를 최소화하면서도 그 함축성을 최대화할 수 있는 기법이야말로 바로 諷詩調의 완성도를 높이는 첩경임을 알게 된다.

## 맺는 말

 이상과 같이 諷詩調에서 보이는 수사법상의 기법이 형이상시의 그것과 유사한 점이 많다는 것을 알 수 있다. 그러나 그 구조적인 측면에서 볼 때 형이상시보다는 시가 짧고 컨시트도 형이상시보다는 언어유희의 측면에서 독특하고 문자유희의 면에서도 독보적인 경지를 보이고 있는 시라는 것이다. 諷詩調의 대부분이 명확한 양극화 구조로 되어 있고 상반되고 동떨어진 개념이나 사물을 결합하여 부조화의 조화를 이루고 있다. 또한 3행시의 짧은 시로서 생략적이고 압축적인 기법을 통해서 고도의 밀도감을 조성하기 위해 언어와 언어, 행과 행을 교합하여 전개되는 전환속도가 유달리 빠른 것도 그 특징 중의 하나라 하겠다. 이런 시의 특징 때문에 앞으로 諷詩調가 우리나라 문학의 한 장르를 이루고 발전하여 보다 큰 문학성을 발휘하는 날을 기대하여 마지않는다.

조선문학사시인선 925

諷詩調詩集 · 434

## 도치통사초 · 4

2024년 9월 5일 인쇄
2024년 9월 15일 발행

지은이 / 박진환
발행인 / 박진환
펴낸곳 / 조선문학사
등록번호 / 1-2733
주소 / 03730 서울 서대문구 통일로 389(홍제동)
전화 / 02-730-2255
팩스 / 02-723-9373
E-mail / chosunmh2@daum.net

ISBN 979-11-6354-295-7

정가 10,000원

※ 인지는 저자와 합의 하에 생략
※ 잘못된 책은 서점에서 교환해 드립니다